Literaturedition
Niederösterreich

faschaun
farena
fagee

Literaturedition
Niederösterreich

Eva Lugbauer

faschaun farena fagee

Am Anfang ist das Verlieben (faschaun). Am Ende ist das Vergehen (fagee). Dazwischen viel Verlaufen (farena). So läuft und verläuft sich das lyrische Ich im Gedichtband »faschaun farena fagee« zwischen Lieben und Sterben, ergründet dabei die Schönheit des »Schiachseins«, driftet aus der Bahn, spaziert auf tassendünnen Rändern, fällt in rabenschwarze Löcher, lädt in Wolkenschlösser, tanzt auf Gehsteigen oder schaut ganz einfach dem Himmel beim Blausein zu. Allein die Welt, sie stört ständig – in ihrer lauten, schnelllebigen, konsum- und leistungsorientierten Art.

Eva Lugbauer, die im Mostviertel aufgewachsen ist und heute in Wien lebt, schreibt in ihrem Dialekt über:

Das Verirren in einer Welt, in der nur Zielstrebigkeit zählt.
Das Verlieren in einer Welt, in der nur Gewinn zählt.
Das Verschwenden in einer Welt, in der nur Effizienz zählt.
Das Vertrödeln in einer Welt, in der nur Schnelligkeit zählt.
Das Verschwimmen in einer Welt, in der nur Klarheit zählt.
Das Verfallen in einer Welt, in der nur Schönheit zählt.
Das Verlieben in einer Zeit, in der das käuflich zu sein scheint.
Das Verschwinden als Ausweg in einer Zeit, in der man ständig erreichbar sein muss.

Die Musikerinnen Anna Großberger und Viktoria Hofmarcher alias »zoat« (www.zoatmusik.com) haben die Gedichte musikalisch interpretiert und vertont. Die CD »faschaun farena fagee« ist bei der Volkskultur Niederösterreich erschienen.

Gemeinsam stehen die drei Künstlerinnen mit einer Performance in Text und Ton auf der Bühne und erwecken das lyrische Ich zum Leben.

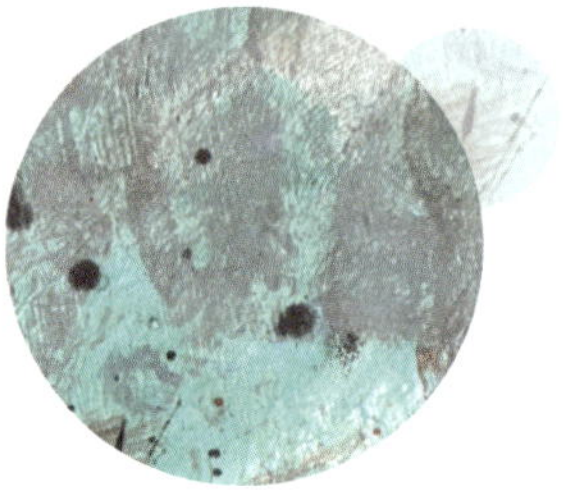

Zur Autorin

Eva Lugbauer, geboren 1985 in NÖ, lebt in Wien. Studium der Germanistik an der Universität Wien. Erschienen sind zahlreiche Prosatexte in unterschiedlichen Zeitschriften (DUM, etcetera, & radieschen, Kolik u. a.) sowie Lyrik. Unter den zehn Finalist*innen beim FM4-Kurzgeschichten-Wettbewerb »Wortlaut« 2015. Ihr Debütroman »Und am Ende stehlen wir Zitronen« erschien 2018 im Verlag Wortreich. Startstipendium für Literatur 2020. Hans-Weigel-Literaturstipendium 2020/21. Projektstipendium für Literatur 2022/23. Theodor-Körner-Preis 2022.

www.eva-lugbauer.at

Inhalt

erster teil:

faschaun

faschaun

drei schdund
samma gsessn
en kafeehaus
haumma gredt
haumma bofed
haumma gschaud

da diisch glaunzad
zwischn uns
en kafeehaus
oeswia r a see
en winta
und es daud

medde schliddschua
samma gfoan
en kafeehaus
auf den see
zwischn uns
nua mia zwaa

dahii iss gaunga
med uns
en kafeehaus
dass me wandld
dass me zauwad
dass me draad

drei schdund
und e waas ned
wos e gredt hob
drei schdund
und meine setz
hods fawaad

da bofe
dea draad
biroeddn
de aung
daunzn
woeza
en da luft
waun e schliddschua foa
med dia
en kafeehaus
waun e fagee
en den schnee
aufn diisch

drei schdund
und e waas ned
wos du gredt hosd
drei schdund
und e waas
nua ans

da bofe
dea draad
biroeddn
de aung
daunzn
woeza
en da luft
waun e schliddschua foa
med dia
en kafeehaus
waunsd me draasd
und du waasd
ned wohii

wauns dahii geed
auf den see
en kafeehaus
dass uns wandld
dass uns zauwad
dass uns draad

drei schdund
und e waas ned
wos ma gredt haum
drei schdund
und e waas
nua ans

doo woa r a schboet
en den eis
en kafeehaus
a seggundn
doo hods gnisdad
und gnaggsd

uns hods gschdeandld
medde schliddschua
en kafeehaus
dawiafed aum eis
und gschbrüüd hods
und gfunggd

a seggundn
samma doogleng
en kafeehaus
haum ned gredt
haum ned bofed
haum se

faschaud

fanoan

e sog das
e farod da wos
e haus en an woeknschloos
des e ned sundalech gean
faloos

und jedz solle
ausse gee
a schdund nu
und daun dreffma se

ebittech
deng e
schdund fagee

und e schdee
und e schdee
auf da kantn
me falossd de schneid
happ e owe
oda happ e ned

en mein schloos alanech
iss so schee
a schdund nu
daun woema fliang gee

und e schdee
und e schdee
auf da kantn
oone schneid
wül e de seng
oda wül e ned

wauns
en mein woeknschloos
nua ned so schee
windschdüü warad
und ban fliang
ned olleweu
a so r a schduam gee darad

wauns de söö
ban fliang
ned olleweu so draarad
und es heaz
ned olleweu
a so r a noa wean darad

ebittech
mea wead unguad
schlechd

e waas ned
ow e fliang gee mechd
aum liabsdn wa ma
ealech xogd
du hedsd me iwahaubd nia gfrogd

und e schdee
und e schdee
auf da kantn
oone schneid
wül e fliang gee
oda wül e ned

alanech auf da kantn schdee
is schee
a minutn nu
daun sengma se

ebittech
e hoeds nimma aus

e glaub
e schigg es heaz
fuaraus
und bleib med da söö
alanech zhaus

owa daun
iss do so weid
es heaz saumd söö
happd owe
owe iwa d schneid

ebittech
e wea r a
gaunza noa

ebittech
e wü mea
schduam ent hoa

ebittech
e wü me
ewich draan

e sog das
lossma se
fannoad fawaan

a schdund iss
daas ma gflong san

ebittech
kum zu mia
haam

ebittech
sitz de hea
auf d schneid

en mein schloos
is noanfreiheid

faschmözn

a massa leid
a muadsdrum schüwe
und dausnd aung
schaun duach de luft
owa kaane so wia deine
de schaun nemmle
gaunz genau en meine

wo
sog ma wo
head dei gschau auf
und wo
faungd mei gschau au

wo is dea dupf
wo sa se dreffn
wo bremsn s ei
und wo gleschn s zaum

duat
genau duat
auf den flekn
mechd e med dia
schdeandl schaun

a koede nochd
a zkoede blusn
und dausnd gansln
renan auf und oo
unta dein leda
des hengd nemmle
iwa meine schuetan driwa

wo
sog ma wo
head dei leda auf
und wo
faungd mei schoen au

wo is de nood
wo is de nol
wo giglma eine
und wo reissma auf

duat
genau duat
ba deara luka
naa e da a
bleame drauf

zwa nosn
zwa schbitzn
und da hauch
en olle mauaritzn
owa wind iss kaana
wos e gschbia
den schbeama nemmle
ausse ba da dia

wo
sog ma wo
head dei lufd auf
und wo
faungd mei lufd au

wo nimmsda s du
wo griagsda s du
wo griag s i
und wo zgriangma si

duat
genau duat
en de blosn
schdek e da
an schdrohoem hii

es faschwimmd a rosaroda schdrafn
en ana süwagraun dekn
und de sun
fajaukd de schdean
owa ned fa unsan fensta
weu duat nemmle
de schdean uns gaunz alanech kean

waun
sog ma waun
head de finstan auf
und waun
faungd d liachtn au

waun rinan s zaum
waun bikan s fest
waun lossn s aus
und waun wean sa se fazupfn

daun
genau daun
en dea seggundn
mechd e en dii
eine schlupfn

fia hendt
zeendausnd fingaschbitzn
und de söö
zrinnd auf dein heaz
iwa bleubt a mea
wo es nua nu
bumpan hea

wo
sog ma wo
head dei bumpan auf
und wo
faungd mei bumpan au

wo farennma
wo fagemma
wo fafliangma
und wo
braud se a weda zaum

duat
genau duat
en den hümme
mechd e med dia
woekn baun

fakaffm

dees und
dees und
dees und dees
muassd
schrein s

dees und
dees und
dees und dees
moch e moang
sog e

heid
heid
heid
muassd
schrein s

heid
sog e
gee r e haam
doo sitz e und schau r e
med dıa aus n fensda
en hümme ban blausei
zua

en hümme ban blausei
schrein s
des bringd nix
wea en hümme ban blausei
dea fadiind nix
wea en hümme ban blausei
dea fakaffd nix

fakaffm
fakaffm
fakaffm
muassd
schrein s

faschaun
sog e
wül e me
en deine aung
es is so schee
en de bupüün
rosarood
fagee

de bupüün rosarood
schrein s
de kaunsd da
moang
kaffm

de bupüün rosarood
de kaunsd
heid
fakaffm

fakaffsedeen
fakaffsedeen
fakaffsedeen
brauxd
schrein s

edeen
sog e
de fliang dahea
waunsd sitzd
und schausd
ausn fensda
en hümme ban blausei
zua

na daun

schnölla schaun
schnölla schaun
schnölla schaun
schrein s
schnölla faschaun
schnölla faschaun
schnölla faschaun
schrein s
schnölla fagee
schnölla fagee
schnölla fagee
schrein s

daun loss e s schdee
weu i dauch oo
en mei mea
rosarood

falian

de nochd suachma
en da easchdn frua

wei auf da zung
schnobbs auf da haud
schdead uns ned
glauw e
en da easchdn frua

mia foan med da zung
iwa n schnobbs auf da haud
schmekma ned
glauw e
en da easchdn frua

und du soxd
heasd wia schee
de aumschl dröllad
huach wia s zwigazd
huach wia s pfeifd
drausd ban fensta
fua dein zimma
wo se d sun fian dog
eischleifd

faschdampad
sog e
kead des luada
hintafotzeg huggd s en bam
blaazd und wedad
wia r a maasda
fladad se mein
bestn draam

und du soxd
schau wia schee
de sunschdroen daunzn
schau wia s schbringan
schau wia s flitzn
drausd fan hümme
za da nosn
wo sa se auf d schbitzn
sitzn

faschbaukn
sog e
mechad e de schiagla
baumpad blosn sa se auf
boan und beissn
wia da deufe
grabschn se mein
scheensdn schloof

und du soxd
heasd
loos deine aung jo offm
waasd wia s lochn
waasd wia s klimpan
waun e doo jedz
eine foe
wualds
bis en meine wimpan

foe eine
sog e
sauf ned oo en aungwossa
do auf amoe foe e aa
kumm eina aumschl
schrei e ausse
ausn fensta
leg de hea doo
za uns zwaa

sun auf da haud
aumschl en ua
en da dreihundadfünfasechzigsdn frua

suach e de und find
nua dein ruggn

und de aumschl
singd dazua
en da dreihundadfünfasechzigsdn frua

dawisch e de
ned

und du soxd
nix

heasd wia schee
sog e
de aumschl dröllad
huach wia s zwigazd
huach wia s pfeifd
drausd ban fensta
fua unsan zimma
wo se d sun fian dog
eischleifd

und du soxd
nix

schau wia schee
sog e
de sunschdroen daunzn
schau wia s schbringan
schau wia s flitzn
drausd fan hümme
za da nosn
wo sa se auf d schbitzn
sitzn

und du
geesd

hoed de bapm
sog e
za da aumschl
du wiasd heid schee schdaad sei miassn
und waunsd a nua
oan muggsa mogsd
daun wead e de

daschiassn

faknoen

bumm
dschak

glesch
fesch

grischbe
graschbe

gnisda
gnasda

flitta
flatta

schwiawe
schwuawe

zsuum
buum

balla
beng

zak
brak

wusch
dusch

riisl
griisl

wigl
wogl

gniks
gnaks

ratta
datta

grimme
grumme

rums
bums

muads
muaks

schduaz

fabrena

gaunzn hiabsd
zidad e
fuan winta
gaunzn hiabsd
fadeufed e
en schnee

gaunzn winta
woat e nua
aufs fruajoa
gaunzn winta
sog e
oaschkoede wööd fagee

owa daun
is s doo
de sun
und es gros
schreid
kum

daun sog e
zupf de
wintahaud
du blosse
i leg au
mein fruajoaszwian

und e ram s fira
de baganschgal
mechd
aum liabsdn
nua mea
rena
rena

aum scheensdn
waa
es renan
en de baganschgal
mia zwaa

owa wauns sei muas
ren e
en de baganschgal
a alaa

gaunz fruajoa
dawoat e ned
en summa
olle fruajoasdog
doo woat e nua
auf di

owa daun
schdeesd doo
en da omdsun
und unsa bangal
schreid
kum

daun ramas fira
unsa bandschal
mechdn aum liabsdn
nua mea
brena
brena

gaunzn summa
rennma
hii zan bangal
en baganschgal
du und ii
mia zwaa

owa daun
schdeesd auf
und hausd de
iwa d heisa
und i gleng
noch da sun

hau s en hümme
de baganschgal
mechd
aum liabsdn
blooshappad
fabrena

aum scheensdn
waa
es fabrenan
blooshappad
mia zwaa

owa wauns sei muas
fabrenne
blooshappad
a alaa

fasaama

med dia
schlaraffm
en de woekn
seng

med dia
auf opfebaamblal
en hümme
schweem

med dia
auf fabliade
rosnkepf
laundn

med dia
auf an rosnschdochl
daunzn

gaunzn
dog
en goatn
woatn

oone dia
en de deen
fesd
schdekn

oone dia
aun de
oogrosl
lekn

oone dia
de schlaung
dabeissn

oreissn

weng dia
en zug
fasaama

fo dia
a lem laung
draama

faschdekn

kenntasd
bitte gee
deng e

de gaunze zeid
geesd
duach mein kopf
deng e

gee aussa
ned umadum
deng e

owa du
geesd weida
und soxd nix
und schreibsd nix

faschdek de ned
deng e
sei ned feig
deng e

se in mein kopf faschdekn
und nix song
is feig
deng e

se in mein kopf faschdekn
und nix schreim
is feig
deng e

aus mein kopf
gee
soesd
deng e

und bei da dia eina
kumma
soesd
deng e

kumma
und
gee
soesd

deng e
und deng e
und deng e
und deng e

faschiassn

schiassma
kugln
song s

owa ii
faschiass
me liawa
en dii

faschiass
nii a kugl
song s

owa du
faschiassd
mii

schiassma
kugln
song s

und ii
kugl faschossn
umadum
oone dii

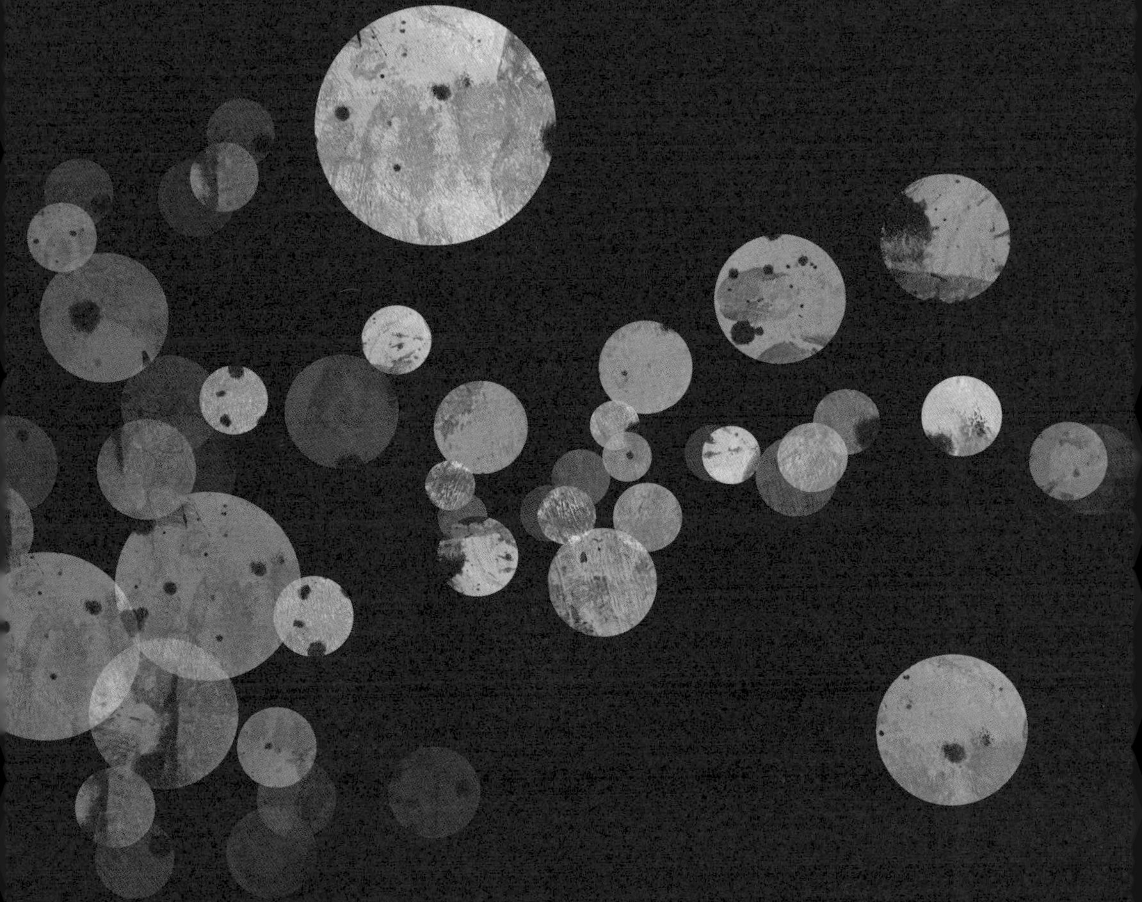

zweiter teil:

farena

fafeam

oes is a schaas
oes is a greiz
oes geed ma am zaaga
und oes geed
zan deufe

rood
is da deufe
owa
schwoazz
is de wööd

kan scheads
kan grozds
kan geeds wos au
und oes geed
en boch owe

blau
is da boch
owa
schwoazz
is de wööd

nix geed
nix rennd
nix rinnd
und oes geed
en bam au

grea
is da bam
owa
schwoazz
is de wööd

und waun e
ausn fensta
schau
daun siach e
oes is
grau en grau

des hod ma
grod nu gfööd
en dera
roomschwoazzn wööd

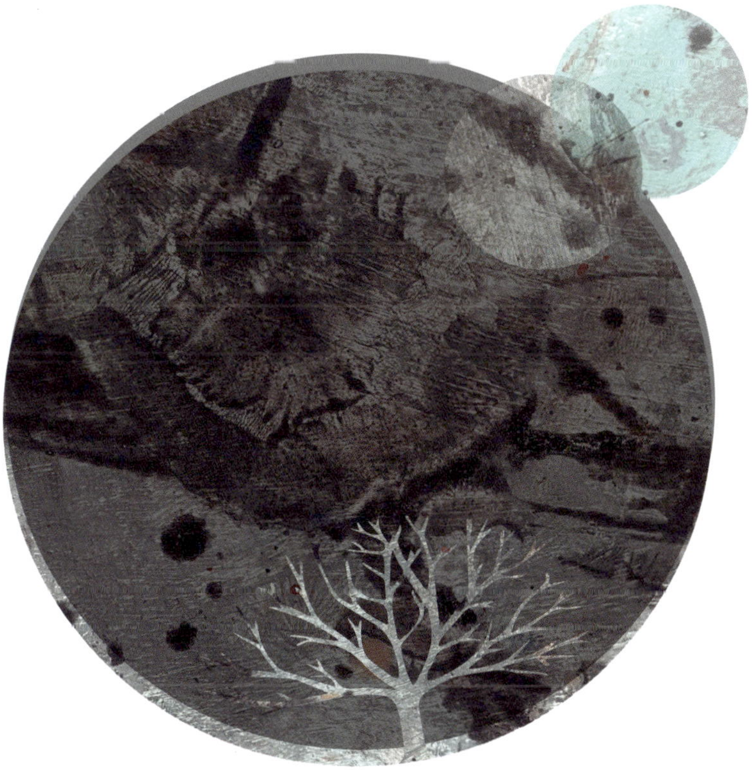

fafluachn

de gaunze
wööd
diariliad

es hendi
ban leitn
diariliad

de banggomaadkassa
ban zoen
diariliad

da losdwong
ban zruggschiam
diariliad

es auto
ban ned auschnoen
diariliad

es bokroa
ban featigwean
diariliad

de ubaundia
ban eischdeing
diariliad

de ubaundia
ban ausschdeing
diariliad

nua

de fegl
ban diarilian
fafluachn de wööd

fadeufen

waun s
dahea
kumman

med eanare
oogschlekdn
hoa

med eanan
söölechn
grinsa

med eanan
gschniigldn
boad

med eanan
siassn
bafeu

med eanare
glaunzadn
schuach

med eanare
rasiadn
waln

med eanare
weissn
glaln

de
boliadn
engl

aus eanare
butzdn
woekn

waun s maanan
daas olle so wia se sei
soetn

und wos s
oes
wissn

und wos s
oes
kenan

wia
schnöö s ned
renan

woo s ned
iwaroe scho
woan

und nii
haum sa se
fafoan

nii
fafloong

nii
gloong

nix
faschuasdad
nix
faluadad
nix
fasumpad
nix
fasaud
nix
fahaud
nix
fasoffm
nix
faschissn
nix
fasömmed
nix
faschbüüd
nix
fagogld
nix
fakennd
nix
fasoezn
nix
fabrennd

schau wia s
oone feia
glaunzn

schau wia s
oone gnisdan
schdroen

schau wia s
lauwoam oogschlekd
an jedn gfoen

megsd du wiakle
med de engl
ziang

megsd du
ned es feia
gschbian

hosd amoe iwalegd
daas de glaln
blendn kenntn

megsd du wiakle
aa so
glaunzn

megsd du ned
men deufe
daunzn

faeam

da foda
hod an kondsean
den wüla uns
faeam

i sog

sea gean
daun weama
den kondsean
zuaschbean

owa

de kusiin
sogd
i schbiin

da kusee
sogd
i hob an schblee

da bruada
sogd
i bi a luada

de schwesdan
sogn
i bi fo gesdan

da foda
song s
des is da kinech

und ii sog

sad s es olle
hinech
en da bian

hobds es nu en hian
wos mia fria
amoe woetn

se song
des woan jo
rosa woekn

und daas ma
den kondsean
fuarau dreim soetn

fawoadagln

is des hinech
is des hinech
is des hinech
frog e en kinech

es is fawoadagld
es is beakad
es is schööch
es is schööchweakad

wos soxd
frog e en kinech
maansd du
des is hinech

es is zfledad
es is zdebschd
es hod döön
es hod an hauffm schiache schdöön
schee iss ned
owa es geed

i waas ned
sogd da kinech
i maan
es is hinech

so zrupfd
so znepfd
so grallawadschad
so hoppadadschad

des schleif e oo
des moch e grood
des biag e zrechd
so wia r es mechd

und ea schleifd
und ea mochd
und ea biagds grood
zdood

jedz is hinech
jedz is hinech
jedz is hinech
sogd da kinech

jedz haus daune
kauf a neix

fasichan

imma lochn
imma lochn
imma guade kuchn bochn
imma scheene sochn mochn

imma grod
imma grod
liawa ned aufd seitn
reitn
wa doch schod
liawa grod

nimm an hööm
nimm an hööm
kaane döön
naa döön
de daadn
grod nu föön

nimm a risdung
nimm a risdung
schdöö de
ned zweid
zuwe
za da brisdung

nua ned schdiazn
nua ned foen

des dad eich gfoen

ollas guad
ollas guad
gee ned fuat
bleib dahaam

ollas schee
ollas schee
nua ned denga
auns fagee

ollas hoedn
ollas hoedn
wia auf de oedn
büda
doo woama nu
wüda

fossma
fossma se
ei

noglma
noglma se
fest

hengma
hengma se
aun d waund

wiad uns
eigfossd
nix bassian
weama
eigfossd
nix falian
weama
eigfossd
nix gschbian

samma sicha
samma sicha

nemma n hööm
nemma n hööm

weama
schdiazn
oone döön
weama
foen
iwa d brisdung
weama
schdeam
en da risdung

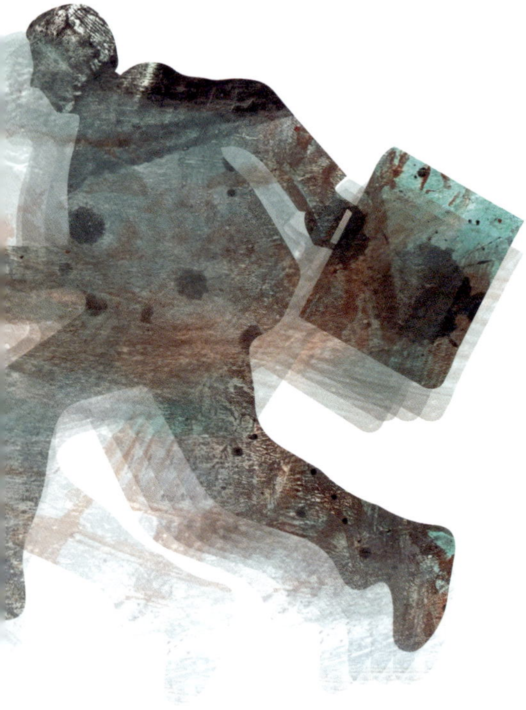

fafoeng

en mein gnak
doo howe s sitzn
heasda s wedan
heasda s bledan
en mein gnak
wia s me fafoeng

iwahoen
iwahoen
schrein s
soo
kau des doo
ned gee

owa
sog e
maunchmoe
is es owezaan
so schee

sei a hööd
sei a hööd
und draa de wööd
a wengl schnölla

imma rena
imma rena
imma enagii fabrena
imma schwitzn
und guad riachn
nii an schiachn
fettflegg haum
en zweufe
unta s messa haun
richd de zaum
richd de zaum
zaumgrichd
kaunsd de daunn
foan schbiagl draun

is nix lowalad
nix ledschad
is nix lax
und is nix lau
is nix grau

soo
soe des gee

owa
sog e
maunchmoe
is schiach sei
so schee

naa
naa
schrein s
en mein gnak
zak
zak

weasd doch ned
med an gfriis schaun
weasd doch
ollas en griif haum
weasd doch
nix schiif baun

faung es glik
faung es glik
glik is schik
fia an jedn
gibts an drik

moch an blaan
moch an blaan
moch an blaan bee
moch an blaan cee
daun wead ollas
guad ausgee

owa
sog e
maunchmoe
san schiife heisa
jo ee schee

naa naa
huach zua

nix fabotzn
imma woxn
nua ned schwechln
nua ned faad sei
nua ned bofen
nua ned blaad sei
nua ned nochgeem
und ned wöch wean
imma xund leem
nii marod wean

imma lochn
imma lochn
imma scheene sochn mochn

nimoes rean
nimoes blean
nimoes schdeam

und bitte goasche
zaa ned owe

owa
sog e
daun iwahoeds
waun s woeds
bledads weida
zua am obgrund
und
lossds mi en rua
weu i hob gnua
und maunchmoe
sog e
is fagee
aa schee

fabroln

a züü
a züü
a züü
brauxd bua
wos graudasd
umadum

wo soe
des graudan hiifian
wos soe aus dia
nua wean

noch fuan
noch fuan
noch fuan
schaun bua
wos draasd
scho wiida daam

wo soe
des daamdraan hiifian
es is med dia
zan rean

huach zua
huach zua
huach zua
heasd bua
wos redsdn
oeweu zruk

wo soe
de goschn hiifian
du lebsd
auf an aundan schdean

zaa au
zaa au
zaa au
jedz bua
du fabrolsd nu
dei lem

wo soe
des broln hiifian
du wiasd
oessa brodlada schdeam

ii sog

waun e graudad
waun e brold
waun e daamdraa
geeds ma guad

waun s es sudads
waun s es schualds
waun s es blaazds
daun gee r e fuat

ii wea

a draamhappada daamdraara
a goschada graudara
a brodlada bummla

auf eichan schdean
is mia zan rean

hobds me gean

fabiang

da mond is rund
und
de sun is rund
und
de schdean san rund
und
de wööd is rund
und
da see is rund
und
da opfe is rund
und
da kopf is rund
und
de aung san rund

und
wiiso san de leid
so ekad

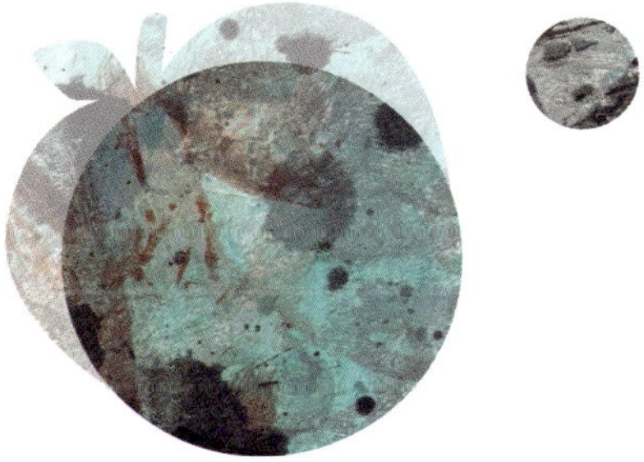

faschrekn

heasd huach amoe
doo blaazd ana
heasd ned wia r a
read und blead
en dein kosdn
hosd n du ned kead

schau hea amoe
doo schloofd ana
siaxd ned den
schlaazechn
baazechn bimpf
en dein kosdn
hosd n
unta da dekn
en da ekn

an bimpf
med aung
und fiass
und hendt
und bisdanoa
so schiache zendt
daas e me glott fiachdn
kennt

giwa rua
soxd
wek eam jo ned auf
weu des is ned iagandana
des is da hundiana
en mein kosdn
und hosdn
amoe en gnak
nau brak
glaub ma
löwentech
wüsd den ned ealem

ojo
sog e
des wül e ma heid geem
den schdampad e jedz auf
und dupf den bimpf
am schel drauf

mei liawa freind
des is a lakl
waun a schdeed
und ea schaud so bleed
und ea modschkad
und ea named
und ea köwed
und ea feud
waun a en dein haus
umgreud

nau bua
sog e
jedz waas daun
owa gnua
du lakl
sitz de zruk
doo en dein kosdn
und i dek de wiida zua

owa dea wööle
gibt ka rua
sempad
sudad
dreamd
und feud
greud
weida
um en haus

luada
unguaz
kruzinesa
i kau a besa
sog e
und gee
zu mein lal owe
doo how e
a funsn sitzn
de kimmd zrechd
med soechde
fritzn

huach wia s wedad
huach wia s named
huach wia s köwed
huach wia s keifd
wia s bled schaud
und se med dein lakl
auf a bakl
haud

heasd
soxd
i hob goa ned gwissd
daas en dein lal
a so a
funsn
sitzt

fagroodn

schauts me au
wia r e heid doositz
schauts me au
wia guads mia geed
weu ii hob wos
wos me froo mochd
und des
hobds ees
ned

aum sundoch
aufm roodhausbangl
aum ööfe fuameddog
doo sitz e
und e waas
e sitz ned grod
owa e sog eich
wos e hob

es hobds felleichd
a muadsdrum keischn
es hobds felleichd
a scheene frau
oda an gschdopfdn
und an goatn
med an eisan goatnzau

schauts me au
schauts me nua au
wia r e heid doositz
schauts me au
wos mia oes fööd

e hob ka gööd
e hob ka hokn
und meine fliagl
de hods gschnoezd

e hob ka frau
e hob ka schnittn
und en woaheid
how e nix

owa heid nochd
how e ma dochd
doo nimm e
meine gschnoezdn fliagl
und e biggs

so sitz e fliagad
aufm roodhausbangl
aum sundoch
aum ööfe fuameddog
und jedz huachds zua
wos e eich sog

es muas ma kaana höfm
eicha gööd
des wül e ned
es soeds nua olle heaschaun
und seng
wia guads mia geed

weu ii hob heid
an fliaga
und an fliaga
hobds ees
ned

und jedz
moch e an ziaga
und düs
med mein fliaga
oeswia r a
grossa
duach de schdross
wo aa eicha
keischn
schdeed

so schauts me ned
schauts me ned
so bled
au
hinta eichan goatnzau
schbeats nua zua
eicha eisas dial
ii hob
meine biggdn fliagl

und ans kau e eich song
aa waun s es maands
e waa fagroodn
ii waas daas
aa biggde fliagl
drong

faraama

en mia
sitzt aana

a rawuuza
a klaana
a unnedecha
hundiana

i fajauk eam
i faschbauk eam
i dua eam schiach
i dua eam schee

owa ea
wü ned gee

i fadek eam
i faschdek eam
i wiggln ei
i gragln oo

und ea
bleibd doo

so laung schoo
wül e n augriang
so laung schoo
zaa e n mid

und ea
is doo bei jedn drid

und ea blaazd
und ea blead
sowos hosd
nu ned kead

und ii
fabik eam es meu

weu
i wü a rua

nua

ea
schreibd an briaf

und mia
wiad schiach

du hundiana
du klaana
e wead
de faraama

fia imma
und daun
kummsd
nimma

owa ea
faramd
mii

und nimma
kum
ii

faschiam

waun
s d amoe gee kausd
owa daun

waun
s d amoe reen kausd
owa daun

waun
da gramppas kimmd
owa daun

waun
des grisdkindl des siachd
owa daun

waun
da pappa des head
owa daun

waun
s d amoe braaf waasd
owa daun

waun
s d amoe a rua gaawasd
owa daun

waun
s d ent schue kimmsd
owa daun

waun
s d aus da schue kimmsd
owa daun

waun
me da beda frogd
owa daun

waun
me da beani frogd
owa daun

waun
me da beatl frogd
owa daun

waun
ma uns haum
owa daun

waun
ma en kölla haum
owa daun

waun
ma es doch haum
owa daun

waun
ma es buzal haum
owa daun

waun
e nu amoe auf d wööd kim
owa daun

waun

fawoxn

und e wox
und e wox

und e sox
gaunz ealech
e waas ned wos e dua

jo e sox
gaunz ealech
me schdrulds nua

und e wox
und e wox

e bi scho so groos
e baas en ka haus
e baas en ka schloos

owa
e waas ned wos e dua
e wuaschdld nua

und e wox
und e wox

e gee duach ka dia
e bi scho so braad
e bi diareggd blaad

owa
e waas ned wos e dua
me schdrauchlds nua

und e wox
und e wox

e bi scho so oed
ööda oes a jeda schdaa
ööda oes a jeda woed

owa
e waas ned
wos e dua

e sox eich nua

farena

e hob gmoad
e hob me gfundn

owa auf amoe
woa r e faschwundn

daun schdee r e doo
oone mii
waas ned
wohii

etz muass e me
wiida suachn gee

fawinschn

i wü wek
i wü wek
waas denn kaana
a faschdek

i wü mi
fagreun
i wü mi
ooseun

hod kaana
a ritzn
fia mii
zan eine sitzn

i wü me
fazupfm
en a looch
eine schlupfm

i wü
nua kuaz
wek
fo den muaks

waas kaana
an schboet
es gawad nix
wos me hoet

waas kaana
an beag
kend kaana
an zweag

waas kaana
an see
kend kaana
a fee

waun e ma wos
winschn kunnt
e ded faschwindn
nua fia r a schdund

fafaunga

de zeid
haasds
wa wia wossa
und des rinnd
olleweu nua
fiare fiare
owa ii
hob mii
fafaungd

oom
heng e
bei da schdaumau
und a jeda dropfm
bleischwaa
draumped draumped
iwa mii
oeswii
a öölefaunt

waasd as nu
en summa
domoes
medde safmblosn
samma gflong
bis zan mond
und wiida zruk
hea za da schdaumau
wo ii jedz
unta d öölefauntn
huk

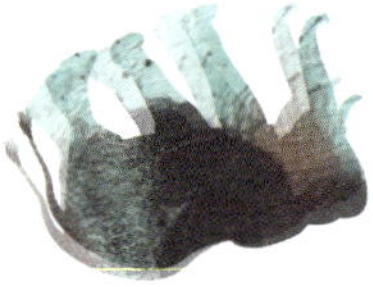

hoet
schrei e doo
so bleib hoed
ana
amoe
schdee
weu es wa do schee
deng e
waun ii auf so an
öölefauntn
reit

owa
de öölefauntn
draumpen
bleischwaa
weida weida
olleweu
nua fiare
duach de zeid

waasd as nu
auf da schdaumau
domoes
wia de fiass
so glankld san
und es wossa
unta de zechan
blau
so blau
wia waun e heid
en hümme schau

siaxd as
duat
a safmblosn

kum
de faungma se jedz ei

sitz de drauf
und daun
auf auf
lossma d öölefauntn
bleischwaa sei

und
des aane
sog e da
samma daun
weidmechde gflong
bleimma
desmoe
bleimma

oom

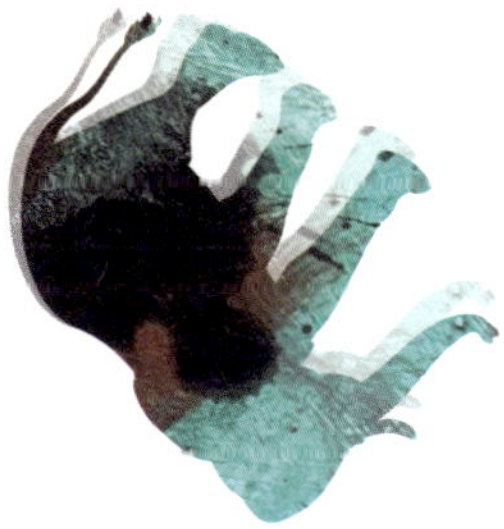

weu
ma waas
daas
aum mond
a jeda leichda lebd
und sogoa a öölefaunt
bleischwaa iwa da ead
duat fedaleichd
duach d gegnd
schwebd

fablempan

waun e ned meassad
schdangad e ned auf
bleiwad an gaunzn dog en bett
fliagad e med de woekn dafoo
dramad e olleweu nua so dahii
hauradn s me ausse en da oaweid

und gööd hed e kans

waun e ned meassad
gangad e ned ent oaweid
sitzad e an gaunzn dog aum bangl
fiadarad e de fegl auf da schdross
daunzad e woeza aum geeschdeig
sogadn s
i bi a feula hund

und gööd hed e kans

waun e ned meassad
hoedad e ned de bapm
schreiad e en da ubaun es sads olles doln
bringadn s me ens noanhaus
kunntad e n gaunzn dog auf an bangl sitzn
sogadn s nix
waun e aum geeschdeig woeza daunz

und gööd brauchad e kans

waun e ned meassad
beissad e ned ens gros
sitzad e ewech aum bangl
fiadarad e olle dog de fegl
daunzad e men sensnmau woeza
sogadn s
i fablempad mei lem

owa de gödign unta da ead
lochad e aus

waun e ned meassn hed
war e ned auf d wööd kumma
meassad e ned aufschdee
meassad e ned olleweu iagandwo hi gee
meassad e ned de bapm hoedn
kunntadn s nix song iwa mi

und gööd wa ma wuaschd

faschlukn

schdö da foa
es is woa
waun e das sog
am mondog
kum e ens biaroo
lingan
drinan
hundadzwanzg briaf
jo e siach
hundadzwanzg briaf
liing auf mein diisch

wos sant des fia wiisch
en mein biaroo
e frog me wiaso
lingan
doo drinan
hundadzwanzg wiisch
auf mein diisch

und e frog me dazua
wo is mei dasdadua
weu oes wos e siach
san hundadzwanzg briaf

es is woa
waun es sog
am mondog
en biaroo
doo schrekds me a soo
daas e glei wiida gee
und hoe an kafee

do wia r e daun
des kaunsd ma glaum
foa da dia wiida schdee
men kafee en da haund
fadaummd
fadaummd
de dia
e schweas
de dia
so woas
de dia
waun e das sog
aum mondog
e schdee
men kafee
geed de dia nimma auf
e maan e brauch
an dokda
oda so

de dia
fan biaroo
e frog me wiaso
e druk
und e druk
do hinta da dia
doo drukd wos zruk

hundadzwanzgdausnd briaf
en mein biaroo
e frog me wiaso
hundadzwanzgdausnd briaf
es oes wos e siach

en ana dua
schreibd ana nua
briaf aun mii
hüüfe
schrei ii
zu da dia wisawii
mi dadrukn de briaf
e siach
nua mea schwoazz-weis
und se schnein me ens fleisch
jo mia scheit sogoa
es is woa
es is woa
es bopia
es griagt zendt
und es schnoppd
und es beissd
do de dia wisawii
de schead des an scheis

und ii reis
aus

waun e das sog
am mondog
woas
e ren dafoo
weu wea lossd se scho
fo hundadzwanzgdausnd briaf
dabeissn
wea deed bei
hundadzwanzgdausnd briaf
med zendt
ned ausreissn

es woa nua a glik
sog e da
unta uns zwaa
daas e glei ooboschd bin
weu es haasd
daas s doo drin
mittlaweun schwimman
en biaroogebeude drinan
hundadzwanzg mülleonen
sans scho
jedz sauffn s boed oo
hundadzwanzg mülleonen
wisch en dog
waun e das sog
hundandzwanzg mülleonen
beissn und drukn
de wean boed
de bude
faschlukn
medsaunte dian
medsaunte leid

und waasd
wos mii gfreid
ii schwimm en wossa
ii fasingg en wind
ii faschluk de luft
ii schbazia en saund

e bin nua gschbaund
wos s song
waun e schreib fo mein glik
wau e daun a bosdkoatn
ens biaroo eine schik

faleem

ii hob

an gaunzn dog
en noankasdl
faschissn
en lem
nix grissn

ii bi

en da nochd a
bodschochda
umgschmissn
ned laud
aane
alaane

draam e

gaunzn dog
lufdschlessa
baud
fajuwed
es heaz

faschütt e

en mond
augschaud
und gschaud
und gschaud

gütt des?

oes geem
fia r a
noankasdl
lem

faschdee

za woos
frog i
za woos

woarum
frog i
woarum

waun e sitz

und am hümme
hengd schdumm
da mond umadum

ea lossd mi
sitzn
i loss eam
henga

ea lossd mi
frong
i muas nix
song

ea lossd mi
schaun
i muas nix
glaum

ea lossd si
foen
i muas nix
woen

ea lossd mi
gee
i muas nix

waun e sitz

und en mea
graudad schdumm
da mond umadum

falaudboan

i gee
und wead fagee

i schdee
und faschdee nix

i sitz
södn wos aus

i hau
ofd en huad drauf

i sumpad
und fasumpad

i schuasdad
und faschuasdad

i juwed
und fajuwed

i sog
und sox laud

daas e me drau
daas es fahau

dritter teil:

fagee

faschbüün

mei heaz hods gschbrengd
doo is a looch
des woan a boa so
gschbensda

woen nua schbüün
woen nua schbüün

schleichds eich
sog e
schbüün
kennts drüüm

jog e s fuat
duach mei bluad
faputz e s heaz
bauma a fensda

moch es auf
sitze duat
wuat rechd ruawech
wia r es haum mechd

kumd fo oom
wiida ans gfloong

waas a schbüü
waas a schbüü
mochd a muadsdrum
buschkawüü

daunzd herum
daunzd herum

oeso guad
sog e
daun kum

owa
hau me joo ned owe
hau me um

draa me
owa
draa me joo ned
eine

deine
gschbensdahoa
de heng aum nogl
und dei gschbensdahaud
dazua

i wü drunta
i wü driwa
i wü wüüda
i wü müüda

oeso schbüü di
weu i wü di
owa i sog das
i wü oes

i loss de
loss de eina
owa du
loss me joo ned
eine

deine
gschbensdafinga
schdek aum huad
weu gschbensdafinga
wül e nimma

hoed me
hoed me fest
hoed me woam
owa wehe
du hoedsd me fia r an noan

mochmas
mochmas schee

hazma
hazma ei
owa wehe
du fahaazd me

du zindsd me
du zaasd me
owa wehe du
fazaasd me

und daun schbüü de
und daun schbüü de
weu i wü me
fanoan

und zwoa heite
und ned moang
und sicha ned
eifoan

oeso foama
foama bessa
foama fuat
foama guad
bleimma duat

oeso kum
kumma aus
kumma au

oeso schbüüma
oeso schbüüma

und i wü da
nua ans song
daasd as waasd
wehe
du faschbüüsd das

und jedz schdöö de
schdöö de hea
owa schdöö de
jo ned bleed

weu schdöön
loss ii ma
mei heaz
ned

fazaan

i maan
mei söö
de is a kugl
und dei söö
de is a kugl aa

und auf ana kugl
folla söön soo grau
kugln mia zwaa aa
owa imma nua alaa

und waasd
frog e
daun und waun

warum auf deara
rundn kugl
olle ekade heisa
baun

warum en deara
graun wööd
olle en rosa woekn
schaun

warum de kugl
fliagd
owa olle bikan
auf da ead

warum olle maanan
daas de wööd
eana kead

und e frog
und e fliag
und e ziag
und e kugl

und de ekadgraun
schaun und schaun

und se song
du kuglsd
olleweu alanech
umanaunda nua
waun kummsd du
endlech en de schbua

und daun
kuglsd du dahea
und e kugld
ned alanech mea
weu du zaasd me
en dei umlaufbaun

und de ekadgraun
schaun und schaun

und du lossd me
en dei söö eine
und de is genau so
kuglrund wia meine

kum
loss uns draan
und draan
und draan

und huach zua
daun weama ea
des gööb fazaan

jo des gööb
des weama
flauchn

weu des gööb
kemma fia unsa söö
zan eifeam brauchn

und mia kugln
duach de wööd
med ana söö
zitronengööb

und de ekadgraun
schaun und schaun

jo friara
song s
doo woa r a hoed nu gööb
da mond
und zöön auf
wea en de ekadn heisa
woond

jo friara
song s
doo woa s hoed nu gööb
de sun
und frong
waun endlech a buzal
kumt

jo friara
song s
doo woan s hoed nu gööb
de schdean
und frong
wem de kinda
kean

doo wean s schaun
de ekadgraun
waun s nix mea
zan schaun haum
weu mia zwaa
med den gööb
oohaun
und unsan schdean
daun sööwa baun

fagee

ii gee
und du geesd
nemanaund gemma
und fagemma

und es heaz
bumpad
so füü

mia song
fagemma nimma alaa
fagemma medanaund

fagemma und gemma
auf da schdross gemma
auf da bromenaad gemma
am schdraund gemma
und gem uns de haund

ii huk
und du huksd
beiranaund hukma
und fagemma

mia song
nu nii woa fagee
so schee

und es heaz
bumpad
so füü

fagemma und hukma
am bangl hukma
ban wossa hukma
en kafeehaus hukma
und schaun se ent aung

ii liig
und du ligsd
inaranaund lingma
und fagemma

oone dii
soge
gee r e
niagands mea hii

und du
soxd
gee
loss e de nimma

mia song
schdekma se
an ring am finga

ii schrei
und du schreisd
duachanaund schreima
und schdreidma

und es heaz
bumpad
so füü

mia frong
haumma se fagaunga
haumma se farennd

ausanaund gemma
und hukma
alaane hukma
ban wossa hukma
oessa blearade hukma
und de zachan fagengan
en see

ii fagee
und du fageesd
oone r anaund fagemma

oes
songma
fageed

fiaranaund
songma
tagemma

mcdanaund
songma
gemma

und es heaz
bumpad
so füü

und iagandwaun
songma
weama nimma gee kina
songma
weama liing

wiasd du liing
songma
und ii liig nem dia

und dei heaz
bumpad so füü
songma
und meins bumpad
nu a weng mea

und dei haund druk e
songma
und ii druk deine
nu a weng mea

und daun
head dei heaz
zan bumpan auf

und ii fagee
und du fageesd
nu a weng mea

fasinga

schneekenech
schneekenech
wo dreibsd
umadum

bisd grod nu
bikd
aufm goedanen
bon

bisd grod nu
gflong
medde floggn
men mond

hosd grod nu
med mia
en da schneekugl
gwoond

a jeds moe
iwadraan
a schnee fawaan

a jeds moe
iwadraan
a schdean fazaan

a jeds moe
iwadraan
a wööd umdraan

weis
schwimmma
en da luft

und imma
unta wossa
fliangma

schdumm umadum
ziagd goedan
da mond

i hob so gean
en dea schneekugl
gwoond

schneekenech
schneekenech
i liig
auf da ead

zwischn schdean
de scheam
en den schneekuglmea

wea
sog ma wea
hod mei schneekugl
zhaud

rod
feabd se
da schnee

und es schreld
da mond
gööb

hüüfe
unsa wööd
de zrinnd

es fasingd
es fasingd
da schneekuglmond

i hob so gean
en dea schneekugl
gwoond

faschwindn

waun e nix hea
waun e nix siach
waun e nix riach
waun ma nix schmekd
waun e nua gschbia
mei kopf is wek

waun de dreenan
auf da gossn
rinnan
und fremde
duach de dreenan
schwimman

waun fremde
frong
haum s oes beinaund

sog e
danke joo

owa e waas
mei kopf
is ned doo

mei kopf ligd
auf dein heaz
owa wo
bisd du

waun e grod nu
dei schdimm
kead hob
owa jedz
hea r e
dei schdimm nimma

waunsd grod nu
mei haund
drukd hosd
owa jedz
druksd
mei haund nimma

waunsd nu
aung hosd
owa de aung
schaun nimma

wohii
faschwindt fia dii
de duchad

wohii
faschwindt fia dii
de waund

wohii
faschwindt
mei haund

waunsd
doo ligsd
owa sei
duasd
doo nimma

suach e de

und suach de
nu imma
aufgwochd
en da nochd

waun en bett
de boesdan
zrinnan
schdeksd du
en de boesdan
drinnan

waun e de hea
waun e de siach
waun e de riach
waun e de schmek
waun e gschbia
du bisd wek

ligd mei kopf
auf dein heaz
owa wo
bisd du

waunsd nu
a heaz hosd
owa es bumpan
gschbia r e nimma

schdeksd du
en de dreenan drinnan

fafliang

waun e liig
en da frua
und de aung san nu zua
waun e daunz
waun e schbring
waun e loch
waun e sing
waun e fliag
med dia

waun e ned waas
en da frua
how e de aung nu zua
bin e duat
oda doo
bin e oom
oda unt
bin e ba dia
oda mia

fafliag
e me
med
dia

owa

waun e liig
en da frua
und de aung san ned zua
waun e bin
wo e bin
und du bisd
wo du bisd
waun e blea
weu e siich

du
bisd
ned
doo

waun e liig
en da frua
und du bisd ned doo
wü e zruk
nix wia zruk
hinta d aung
wül e daun
und fafliang
med dia

fagoedn

oom aum beag
is a schdaa
doo schdeed
unsa easchds
bussl

goedan

wachlds
owa en mei doe
zu den schdaa
fo wo i flechd
a glaunzads seu

goedan

gondlds
fo schdaa zu schdaa
med mia
und i heng
en de woekn

goedan

gliatn s
en da weid
famankld se
es seu
en hümme

goedan

grochd
de seubau zaum
und i les
dein naum
en schdaa

goedan

zameaschad a
mei heaz
zu an

goedan
schdeaz

faschwimma

hinta glos
schdeesd auf mein kastl

hinta glos
gschbia r e de schdee
de haud
de hoa
da boad
en mein gsichd

nix grotzd
hinta glos

hinta glos
schausd auf mein kuchldiisch

hinta glos
siache de schaun
de wimpan
de braun
de aung
en meine aung

neamd blinzld
hinta glos

hinta glos
huachsd eina ent kuchl

hinta glos
hea e de huachn
und fluachn
schnaufm
und schnoachn
en da nochd

nix is laud
hinta glos

hinta glos
faschwimmsd
fua meine aung

gschbiasd me schdee
fuan glos
heasd me huachn
fuan glos
siaxd me schwimma
fuan glos

oes is nos
fuan glos

fafoen

ii sitz
und nem mia
schdeed
a sessl
laa
alaa
sitz e doo

ii schau
und unta mia
schdeed
de kafeedassn
schwoazz
roomschwoazz
schauts me au

de dassn
men goedan griif

und ii schbazia am raund
fom schwoazzn looch

da sunda
umadum
fageed ned
en mein zimma
schwoazz
roomschwoazz
dring e en kafee

aus da dassn
men goedan griif

und ii foe eine
ens schwoazze looch

ii gee
unta
en den ölendechn
kafee
laan
alaa
owe en mong

aus da dassn
men goedan griif

und i greu ausse
ausn schwoazzn looch

ii schdöö me
hii
zan fensta
siach en hümme
des weisse looch
des lochd
me au

da hümme
is laa
gaunz alaa
lochd
ins looch
schwoazz
roomschwoazz
de sun
de sundasun

doo hau e s um

de dassn
daas a oobrichd
da goedane griif

und ii daunz am raund
fom weissn looch

faschbiagln

ma frogd mi
wias ma geed
owa wias ma geed
waas i ned

i waas nua
i blea
und i blea
und i blea

a mea
folla dreeg
sitz e am
schdeeg

schbiagld se
d sun
schreid es mea
kum

dreiw e en
dreeg
draa e me
um

siach e
de schdean
ollas
is fean

ollas is
noo
ollas is
auf aamoe doo

ollas is
des is gwiis

ollas
is

fawaan

zan easchdn moe
oone dia
daunzd da schnee
oone mia
draussd
foa da dia

zan easchdn moe
oone dia
foad da wind
oone mia
ens frische gros
foa da dia

zan easchdn moe
oone dia
lochd de sun
oone mia
iwan see
und e gee
foa de dia

foed mia
oone dia
a blal
oeswia
a schdaa
foa de fiass

und e gschbias
es is
zan easchdn moe
heabsd
oone dia

und da wind
fawaad foa mia
es blal
en see
wos laungsaum
zageed

bis da wind
wiida kimmd
en schnee wiida bringd
es blal faschwindt
oone dia
nem mia

gfria
see
gfria

fagroom

en deine aung
en deina haud
en dein boesda
en da ead

woxn bleamen
aus dia

faschdeam

bisd
aa moe
gschdoam
foa r am
joa

bisd
hundad moe
gschdoam
schoo
dafoa

bisd
dausnd moe
gschdoam
en mein
draam

gibds
dood
ned
nua
aan

wii ofd
muassd
schdeam
bis mas
begreiffm
wean

fadrikan

waun ma
safmblosn
schikan

waun wöön
auns ufa
glukan

waun es mea
med sein
glitzan

und da hümme
folla blau

waun ma song
schau

waun de
safmblosn
daunzn

waun de wöön
med de zechan
schbüün

waun da see
oeswia r
en füüm

und de donau
amoc wiaklc blau

waun ma song
schau

waun ma
safmblosn
aubaumpfm

waun de wöön
aufhean
zan daunzn

und es mea
olleweu nu
med sein glaunzn

waun
de safmblosn
zschbringd

waun
a dreene
ens blaue rinnd

waun ma song
es woa
schee

waun ma song
i muas
gee

waun ma song
leida

waun ma song
es lem ged weida

waun da wind daun
med sein
wischban

waun da see daun
med sein
gfrian

waun
woekn
faziang

waun dropfm
aufm fensda
bikan

waun
dreenan
drikan

und da hümme
laa

faziang

und e greif
med de fingan
en hümme
und e hoed
e hoed
de sun

und de sun
ziagd
se ziagd
de sun
fliagd
se fliagd

und e schdraaf
med de schbitzn
en mond
und e greif
e greif
nochn liachd

und da mond
ziagd
ea ziagd
da mond
fliagd
ea fliagd

und e zöö
iwa mia
de schdean
und e saummed
saummed
scheam

und meine fingan
de lingan
auf dia
und e hoed
i hoed dii

mia zwaa
faziang si
za dia
ziagds mi
ziagds mi so hii

med dia fliag e
fliag e so gean
owa du
und de sun
und da mond
und de schdean
und nix
kau mia kean

und e ziag
meine fingan
fom hümme
und e loss
loss di fliang

und e leg
leg s aum bon
de scheam
und e schbüü
bau a büüd
aus de schdean

owa lecha
san
lecha bleim
en de lecha
fliang schdean
en da weid

und e greif
greif
noch da ead
und de ead
ziagd
se ziagd

se ziagd
med da sun
se ziagd
medn mond
se ziagd
med de schdean

und deine fingan
de lingan
auf mia
und du hoedsd
du hoedsd mi

mia zwaa
faziang si
za mia
ziagds di
ziagds di so hii

und mia fliang
fliang so gean
du und i
und de sun
und da mond
und de schdean
und de scheam

mia ziang
miassn ziang
mia ziang
lossn uns ziang
mia faziang

und mia fliang

falossn

amoe nu
gee r e ens wossa

amoe nu
gschbia r e es soez

amoe
befoa heid
de sun zrinnd
schau r e nu gschwind
hinta s mea

amoe nu
schau r e auf d insl

amoe nu
gschbia r e de sun

amoe
befoa r e
auf s schiff schdeig
draa r e me nu um
za de beag

amoe nu
giw e da a bussl

amoe nu
gschbia r e dei haud

amoe
befoa r e daun
ham gee
schausd ma nu du
hintahea

amoe nu
schdee r e foam schbiagl

amoe nu
moch e me schee fia di

amoe
befoa s du daun
fuat geesd
schau r e da nu noch
siach nua ead

und imma nu
gee i weida

und imma nu
bisd du fuat

und imma
waun e
es soez gschbia
deng e
dahaam bin e hoed duat

hintan mea

faobschidn

waun
waun
sog e
adee

waun
sog e
i gee

imma
imma
bleiw e
schdee

sog e
oeso
sog e
oeso daun
sog e
oeso guad

sog e
i moch an schuach
sog e
es woa schee
sog e
i muas jedz gee

und bleib
schdee

waun
waun
sog e
bfiate

waun
sog e
baba

sog e
bis boed
sog e
es wiad scho koed
sog e
i bi dahii

owa gee
dua e nii

giw e da de haund
oda ned
giw e da a bussl
oda ned
sengma se wiida
oda ned

und de zeid
fageed
nua i
gee ned

waun
waun sog e
es duad nimma wee

waun
sog e
gee

waun
waun sog e
es is gnua

waun
sog e
moch de aung zua

wos wiad sei
moang
en da frua

fadrong

mauxmoe
schdee e
auf da bruggn

mauxmoe
deng e ma
i schbring

mauxmoe
schbazia e
auf da kantn

mauxmoe
deng e ma
i schbinn

an sinn
hod mauxmoe
goa nix

owa
mauxmoe
is des wuaschd

weu
zwischnduach
is auf da bruggn
ohne sinn schdee
e aa fuachdboa
schee

mauxmoe
haud de ead mia
en mei greiz a hakl

mauxmoe
schea i ia
d aung aus

mauxmoe
schikd s ma daun
a sunschdroen

mauxmoe
hoed e d sun
ned aus

a liachd
is mauxmoe
unguad

owa
mauxmoe
iss aa schee

und waun ma
en da nochd daun
es liachd glaunzad fa
de schdean siachd
mechd e
meinasöö
fagee

sog e
daungsche wööd
mia hod nix gfööd

nua mauxmoe
iss a
gfrett

mauxmoe
gee e daun
ens bett

mauxmoe
bin e daun
a fogl

mauxmoe
bin e daun
a wuam

mauxmoe
bin e aa
a iigl

mauxmoe
bin e
a fisch med fliigl

schwimme
mauxmoe daun
duachd luft

fabuffd
es gaunze
greizwee

und de ead
de ead
de drogd me

doo sei is
mauxmoe
schiach ee

owa
daun wiida
is es fliang
scho schee

und mia
grom
unsa hakl
ei

und de ead
de ead
fagrobd me

de ead
de ead
de drogd me

fawuazln

schdeigds ma
schdeigds ma
numoe drauf

reissds ma
reissds ma
nu wos aus

i hea ned
hea ned
auf

wox weida
weida
ned grodaus

schlengl me
schlengl me
greiz

schlingl me
schlingl me
gwea

gfrett me
gfrett me
duach s gwiax

blia r e

jo schauts
wia r e

blia

Impressum

Medieninhaber: Land Niederösterreich
Abteilung für Kunst und Kultur
Leiter: Mag. Hermann Dikowitsch

Literaturedition Niederösterreich
3109 St. Pölten, Landhausplatz 1
Planung und Projektbetreuung: Julia Stattin, MA
www.literaturedition-noe.at
noe-literaturedition@noel.gv.at

Lektorat: Mag. Michaela Kapusta, lettera-lektorat.at
Umschlaggestaltung, Layout und Satz: Katharina Zenger
Gesamtherstellung: Druckerei Janetschek

ISBN: 978-3-902717-69-6

KULTUR
NIEDERÖSTERREICH

Bundesministerium
Kunst, Kultur,
öffentlicher Dienst und Sport

Die Arbeit an dem Projekt wurde mit freundlicher
Unterstützung des BMKOES ermöglicht

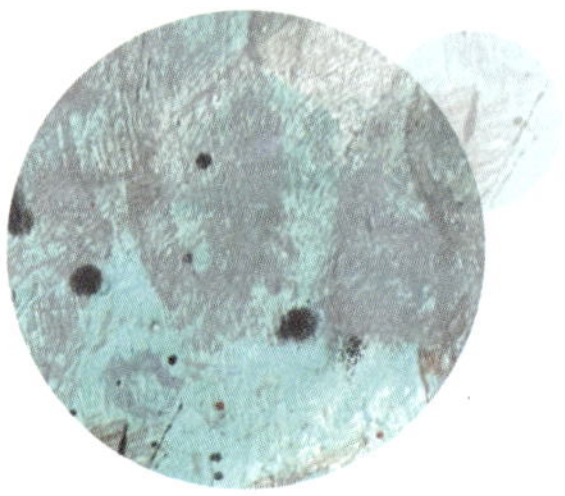